풀은 녹색의 피를 가졌다

류근홍 시집

시인동네 시인선 245					류근홍 시집

풀은 녹색의 피를 가졌다

시인동네

시인의 말

아직도
나를 검진하는 날이 계속되고 있지만

이제는 좀
한숨을 내쉬었으면 좋겠다.

자간도 좁고
행간도 좁은

나의 시도 그랬으면 좋겠다.

2024년 12월
류근홍

차례

시인의 말

제1부

당신을 꿈꾸다 · 13

노인 되기 · 14

바늘 · 16

습작의 시절 · 18

제비꽃 · 19

말몰이 · 20

지렁이 · 22

여름의 끝자락 · 24

장맛비 · 25

조급한 꿈 · 26

기다림 · 28

슬하 · 29

지금처럼 · 30

물망초 · 32

텃세 · 34

제2부

고백 · 37

풀은 녹색의 피를 가졌다 · 38

기둥 · 40

흙 · 42

뿔 · 44

난청 · 45

성묘 · 46

거울 · 48

김장하는 날 · 50

처형 · 52

훈장 · 54

발을 묻고 듣는 이야기 · 56

당신은 블랙홀 · 58

제3부

감시카메라 · 61

손 · 62

소 잡는 날 · 64

몸 · 65

검진 · 66

새벽 두 시 · 68

빈집 · 70

태풍 · 71

그대라는 선물 · 72

그래도 새날은 온다 · 74

돌아오지 않는 것들 · 76

코뚜레 · 77

태풍의 눈 · 78

마네킹 · 80

바리캉의 시대 · 82

제4부

이 세상이 아직 아름다운 이유 · 85

봄의 주연 · 86

지게 · 88

늦여름 · 90

능수버들 · 91

승화루 홍매화 · 92

한해 끝자락 · 94

혓바늘이 입속을 지배할 때 · 96

그리움 · 97

동백꽃 종갓집 · 98

나비의 생 · 100

흙수저 · 101

봄날 · 102

아버지 · 104

해설 쉴 새 없이 솟아나는 언어의 샘물 · 105
　　　이승하(시인·중앙대학교 교수)

제1부

당신을 꿈꾸다

나는 늘 꿈꾼다
사랑이 곁에 있어 주기를

그리고 생각한다
가까이 있어도 온전히 품을 수 없는
부족한 내 사랑에 대하여

사랑의 표현이 사라진 것에 대하여
무뎌진 마음의 거리에 대하여

각자의 영역은 늘어나고 점점 틈은 벌어진다
안전한 지점으로 들어갈 수는 없는가

첫 만남은 덤덤해지고
화려했던 꽃들은 무색하지만

당신 밖에서 이토록 서성이는 것은
여전히 내 안에 당신이 살고 있기 때문

노인 되기

노인은 죽은 듯 의자에 앉아 볕을 쬐고 있다
계절의 속도감이 그에게 미치지 못하고
붉게 물들어 머물러 있다

시간을 먹어치운 노인은 대개
지혜롭다

어리석고 파괴적인 바깥세상에 대해
함구하지 않는다

부정과 폭력과 살인 속에
슬픔이 끊임없이 반복될 수밖에 없는 까닭을
구부정한 어깨와 주름은 알고 있는 듯하다

그것을 감당할 수 없어
그는 은퇴를 했다

그때부터 비극은 시작되었다

노인을 위한 나라는 없다*

계절과 계절 사이에 비껴 앉아 묵묵히 볕을 쬐고
아무것도 아니라는 듯 고개를 숙인 채
자는 척한다

---

*에단 코엔 감독의 영화 제목.

바늘

귀 하나에 외발이다
한 발 한 발 촘촘히 앞으로 걸어가면
구멍 난 허공도 함께 묶인다

옷의 색깔에 보호색처럼 실을 맞추면
가위는 구멍의 크기만큼 천을 오린다

뛰놀다 넘어진 구멍
나뭇가지에 찢어진 구멍
얼룩진 옷들, 해진 옷들이 반짇고리를 뒤지고
오색 실뭉치를 꺼낸다

미간을 찌푸리며 바늘귀를 찾고
오물오물 실 끝에 침을 바르고
기름진 머리에 몇 번 문질러
한 땀 한 땀 가난을 꿰매던 어머니

물 빠진 빈티지 구제 옷들이 유행을 만드는 시대

여전히 찢어진 시간을 수선하며
느슨해진 단추를 칭칭 감는다

실밥이 풀려 떨어져 나간 단추들은
끝내 돌아오지 않는다

습작의 시절

땀 흘린 농부는
논밭에서 심은 대로 기쁨을 거두는데

나는 무엇을 추수하고 있는 건지
돌아보니 가슴이 철렁하다

봄꽃 향기를 따라가다가
짙푸른 여름의 웅덩이에 빠져 첨벙대다가
붉은 단풍에 취해 비틀거리다가

방향을 잃어버린
습작의 시들

이제는 겨울나무가 되어
눈을 뒤집어쓴 채 떨고 있다

책상에 미완성 원고들이 널브러져 있다
바람에 떨어진 낙엽처럼

제비꽃

산기슭 언덕배기
세 줄기 보랏빛 제비꽃

가냘픈 허리 바위틈에 기댄 채
간신히 꽃을 피웠다

세찬 비바람에 뿌리째 떠내려갈 수 있는데
어찌 저토록 환하게 웃을 수 있을까

시한부 삶을 살아가는
겁에 질린 표정이 아니다

보잘것없는 한 포기 풀꽃
자기 몫의 시련을 알고 있을까

하늘에는 먹구름이
잔뜩 웅크리고 있는데

말몰이

1
말의 고삐를 움켜쥔 채 말몰이를 하는 기수
휘두르는 채찍이 기수의 말이다

들을 수 없는 말
다 할 수 없는 말

되돌릴 수 없는 시간은 흘러만 가고
온몸에 땀이 흘러내린다

울부짖다가 고개를 끄덕거린다
몰고 있는 말이 조금은 알아들은 걸까

고삐를 바짝 움켜쥔 사내
길을 이탈하지 않고 한곳만을 향해 달린다

2
집 밖을 나설 때마다 조심하라는 말

잔소리로만 들렸던 그 말

어머니 나이가 되어도
입속에 머문 하늘 같은 그 말들

저장된 그 말로 자식을 말몰이하고 있다

지렁이

밤새 내린 비로 젖어버린 길
지렁이 한 마리 정신없이 길을 가로지른다

저쪽에서 어떤 사내가 덩치 큰 진돗개를 끌고 걸어온다

지렁이를 만난 호기심이
이리저리 코를 킁킁거린다

팽팽한 긴장이 흐른다

잠시 숨을 죽이던 지렁이, 다시 꿈틀거리며 기어가는데
툭 건드려 보는 개의 발톱
찰나에 골목의 길이 끊어졌다

숨을 삼킨 지렁이는 무슨 생각을 하고 있을까

주인이 목줄을 잡아채며 개의 이름을 부르고
다시 길을 찾은 지렁이

뒤에서 숨을 헐떡이며 뛰어오던 청년
발로 밟고 저만치 달아난다

그 길은 그가 갈 길이 아니었다

여름의 끝자락

늦여름 나무 그늘에 숨어
목이 쉬도록 울어대는 매미가 소란하다
뜨거운 매미 울음소리에 들판이 노랗게 익어간다

마당 감나무 가지도 만삭이다
끝물 고추도 비닐하우스에서
물기를 거두고 있다

어스름이 몰려오고
마당 귀퉁이 쇠파리를 쫓는 황소
연신 머리와 꼬리를 흔들자
워낭 소리 찰랑찰랑 풍경처럼 울고 있다

막바지 더위가 안간힘으로 버티고 있다

장맛비

마당에 핀 꽃잎과
유리창에 부딪히는 수많은 이야기를
하얗게 썼다가 지우고 있다

힘들게 맺혀 있거나
줄기를 타고 흘러내리는 빗방울들

몇 날 며칠 쉬지 않고 쏟아지는 사연들
일부는 떠내려가고
일부는 남아서 내 속에 쌓이는 말

다 들을 수도 없으니 이젠 그만 멈춰달라고
생채기로 얼룩진 곳에 햇살을 불러달라고

무릎을 꿇고
두 손을 모으고
속달로 하늘에 기별을 보낸다

조급한 꿈

어릴 때는 꿈을 기다렸다
한눈을 판 봄은 더디고 고드름은 녹지 않았다

계절의 걸음이 빨라졌다
나이가 들수록 한 계절을 훌쩍 건너뛰었다
봄은 도마뱀 꼬리처럼 끊어지고
내내 겨울이 이어졌다
그 차디찬 절망의 체온에 무릎을 감싸안았다
얼음 같은 시절이었다

왜 여기서 헤매는 거지?
나에게 물었다

순간
마당에 핀 모란꽃이 눈으로 들어왔다
추위를 건너와 입술이 더 붉었다
피처럼 붉은 꽃빛이 심장에 옮겨붙어
나는 설렘으로 절절 끓었다

그 한 송이가
백 송이의 절망을 꺾고
늦은 봄이 도착했다

잃어버린 시간에
다시 꼬리가 돋고 있었다

기다림

오랜 장마로
활짝 핀 능소화 입속에도 습기가 찼다

품으로 파고드는 눅눅한 감정들
다림질로 펼 수 있을까

연이은 빗소리에 허공이 젖고
꽃의 고개가 축 늘어져 있다

기다림마저 저물어가는 골목
떨어진 꽃잎들이 바닥을 밝힌다

하늘을 의지하는 것들은
모두 땅에서 살아간다

빗소리 흥건해도,
또 하나의 기다림이 봉오리로 맺히고 있다

슬하

세상모르고 자란 부모님 품속이
이 세상의 낙원이었다

그 따뜻한 품을 벗어나는 순간
세상은 온통 지뢰밭이다

결혼하여 식구가 늘고
새벽부터 건설 현장에서 중동 사하라사막에서
낯선 타향에서
자식이 쉴 넓은 품이 되려고 비지땀을 흘렸다

하늘나라 가까워질수록
나이만큼 삼켜야 하는 약들만 늘어간다

부모님 슬하,
그 무릎 아래가 그립다

지금처럼

가도 가도 끝이 없는
지평선 끝자락은 어디인가
떠나가고 헤어지고 도망가고 빠져나가는
이 세상에서
온전한 내 것은 없다

언제까지 절뚝이며 걸어야 하는 건지
가끔 콘크리트 숲을 벗어나
바람에 손 흔드는 버드나무 아래 누워 푸른 하늘에게
네 나이가 몇이냐고 묻는데

거기서 누군가 어서 오라 손짓한다
설령 그곳이 늪이라고 해도 두렵지 않다,
언제나 꽃길인 줄 알았던 나날들

녹록지 않은 세상은
하늘을 다 품어보지도 못한 내 앞을 과속으로 달려갔다

인생이란 바람을 타고 떠도는 그리움
그 속에서 나를 끄집어내는 일은 무엇일까

복잡한 건 그대로 두고
한 발 뒤처진 나의 걸음을 다독거리는 시간이 좋다

나이를 잊고 사는 지금처럼

물망초

새벽 새소리와 함께 삽질하는 소리가 들린다

밖을 내다보니 아내는 앞마당 풀을 뽑으며
시들해진 꽃들을 옮겨 심고 있다

한동안 가물었던 마당에 오후부터 비가 온다며
서두르고 있다

주변만 맴도는 나에게
서 있지만 말고 뽑은 잡풀이나 삼태기에 담아서 버리란다

흙 묻은 꽃이 유난히 빛난다

사랑하는 이에게 꽃을 바치려 했다가 죽음을 맞은
어느 청년의 영혼이 담긴 물망초 꽃이다

그동안 살기 위해 주먹만 쥐고 살았던 고운 꽃
보랏빛으로 얼룩진 자국이 보인다

바위틈에 끼어 시들어가는
그 꽃을 볼 때마다 내 뼈가 아프다

마음은 변치 않는 물망초처럼

텃세

골목을 뒤지며 폐지 줍던 절름발이 할아버지
차곡차곡 접힌 리어카 옆에 세워두고
담 모퉁이에 기대어 낮잠을 잔다

담장에 흐드러진 개나리,
목련이 칙칙한 골목을 환히 밝힌다
잠시 걸음을 멈추고 봄을 쳐다보라고

한때 이 골목을 주름잡던 사내였지만
지금은 구멍가게 늙은 주인만이 그를 알아보고 폐지를 모아주곤 한다
표정이 바뀐 골목의 텃세가 드세다

과거가 묻힌 얼굴 주름 속에
꽃샘바람이 터를 잡는다

겨울의 꼬리가 절뚝이는 리어카에 실려 간다

제2부

고백

 퇴근 시간이 되자 서둘러 명동으로 달려가 다방에서 기다렸다 신문에 나온 광고까지 몇 번씩을 읽고 나니 세 시간이나 지나갔다 카운터에 앉아 있는 주인의 눈총에 커피를 석 잔이나 시켰다 일어섰다가 앉기를 여러 번 마음을 접고 일어나려 하는데 한 여자가 빼꼼 문을 열고 들어온다 단발머리에 갸름한 얼굴 분홍색 원피스를 입은 잘록한 허리 양 볼에 보조개가 멋쩍게 웃는다 제멋대로 나대는 심장을 진정시키고 명동거리로 나섰다 그녀는 미안하다고 했고 나는 나는 더듬거리며 아니라고 했다 별말이 없어도 가슴은 따뜻했다 달빛이 뒤따라왔다 간간이 분홍색 꽃가루가 바람에 날렸다 바람결에, 당신을 꿈꾸며 지금까지 기다렸다고 고백했다

 사십육 년 동안 입속에 준비해 둔 말이었다

풀은 녹색의 피를 가졌다

사내가 마지막 잔디를 깎는다

예초기에 파편처럼 흩어지는 풀잎들
소박한 일생을 꿈꾸던 푸른 살들 허무하게 사라진다

무수히 밟혀도 오뚝이처럼 일어서던 고집이
날카로운 칼날에 잘리고
풀이 토해놓은 풀 비린내가 질펀하다

풀은 녹색의 피를 가졌다
풀밭에 앉았다 일어설 때 바지에 묻었던 풀물도
오래도록 사라지지 않았다
그 푸른 얼룩은 풀이 내질렀던 비명인 줄도 모르고
아무 생각 없이 투덜거렸다

그 하찮은 풀도 품어 기르는 것이 있다
벌레도 나비도 개미도 메뚜기도
모두 풀이 키우는 가족이었다

덕지덕지 붙어 있는 잡초들 온 힘을 다해 떼어냈을 때
나는 그들의 집을 허물었던 것이다

십자가에서 몸을 허물어 인류에게 봄이 된 사내처럼
봄이 오면 다시 살 수 있다는 것을
풀은 기억한다

네 개의 암에 잡혀
죽었다가 다시 살아난 나처럼

기둥

1
가슴 중심에는
어미가 살고 있다

땅을 호령하는 사자도 하늘의 제왕 독수리도
그것들을 지배하는 인간도
모두 어미의 그늘 속에 산다

몸짓이 커갈수록
겁 없이 물고 뜯어 혼자서 산도 넘어뜨릴 기세다
세상의 날개를 다는 순간 바쁘다는 이유로
어미의 존재는 보이지 않는다

2
번번이 높은 벽에 부딪혀 늑골이 휘고
어미의 기둥이 무너졌다
벽마다 옷가지가 걸렸던 자국
아직도 뽑히지 않은 굽은 못들이 벽을 견디고 있다

3
그리움에 잠을 설치는데
부엌 귀퉁이에서 구슬프게 우는 귀뚜라미
밤새 내 가슴에 가시를 뽑아내려고 몸부림치다가
슬며시 그만두었다

한 이불을 덮고 있는 또 하나의 기둥이
내 곁에 보였기 때문

흙

최초의 사람들 맨발로 흙을 밟고 살았다

흙의 기운이 온몸에 스미고
굳은살에 발바닥은 단단해졌다

길섶에서 자라나는 잡초는 철 따라 꽃을 피우고
계절을 알려주었다

차츰 흙은 줄어들기 시작했다
콘크리트와 철근으로 갇힌 공간 속에
사람들은 흙냄새를 잃고
사람과 사람 사이 벽이 생기고
마음마저 닫히기 시작했다

시멘트와 아스콘으로 포장한 도시
길은 속도를 숭배하고 날마다 빠른 속도에 치여
떠돌이 개와 굶주린 비둘기와
사람들이 길에서 쓰러졌다

흙먼지가 일던 어릴 적 골목
민들레와 냉이꽃이 피던 봄은 어디로 갔는가

계곡을 따라 불어오는 바람
흙으로 빚어진 흙의 기억들

그때 나는 시냇가에 흐르는 물을 두 손으로 떠 마셨다

이제 아무도 엎드려 물을 마시지 않는다

흙에서 태어나 흙으로 돌아가는 것을
사람들은 잊은 지 오래다

뿔

한발도 물러서지 않는 황소고집
사내라는 이유로 여전하다

늘 후회하면서도
여전히 뿔을 세워 달려든다

나는 정말 간덩이가 부은 남편인가

내 몸이 아플 때
머리맡에서 기도로 지켜준 당신
첫 마음 그대로
기울어지는 몸을 받아주던 지지대

가슴을 들이받는 남편의 뿔을
삭히며 살아온 시간이
어느덧 사십 년

아직도 내 허물을 온몸으로 덮어준다

난청

좁고 긴 터널 속에
겨울바람과 살얼음이 서걱거린다

한쪽 발을 헛짚고 넘어진 어둠 속에
투정을 내뱉던 자식이 허둥거리고 있다

맨손으로 치다꺼리하던 장터에서
끝내 쓰러진 작은 몸뚱이
응급차가 달려오고
가시 같은 의사의 검사 소견에 두 귀가 불타고 있다

의자 밑에 쓰러진 시간의 뼈를 추린다
달팽이관 속에 저장된 목소리가 낯설다

왜 그때 어머니를 듣지 못했을까

오래도록
자식들은 난청이었다

성묘

모처럼 장인과 장모님을 뵈러 왔다
들고 온 안부를 상석에 놓고 허리를 펴니
봄볕은 눈부시고
먼 산 바위를 붉게 물들인 진달래가 한창이다

때마침 지나가는 기차 소리
아지랑이를 타고 하늘로 올라간다
모처럼 맡는 흙의 향기가
철길 강 건너 아득한 세상처럼 느껴진다

손녀는 아련한 분홍 진달래꽃을 따서
내 손바닥에 놓고 가는데
도시에서 오랫동안 힘들게 산 탓인지
마음은 차디차다

주변 꽃들이 한껏 봄이라고 일러주어도
자연과 어울리지 못해 뼈마디가 먼저 쑤신다

점점 멀어져가는 기차 소리처럼
두 분 다정한 목소리가
내게 다가오지 않은 것은 언제부터였을까

봄을 잃은 나는
어딘가로 홀로 가고 있다

거울

여인의 운명이 거울 속 허리를 움켜잡고 있다
한때 왕궁을 들썩거렸던 봄이다

절세미인 클레오파트라는 중동의 남자들을 호령했고
현종의 총애를 받은 양귀비는
권력을 잡고 남자들의 부러움을 샀다

그러나 높은 곳에서 피어난 아름다운 꽃은
바닥에서 피는 꽃보다
비바람에 더 시달려 오래 살지 못했다

평범한 가정에서 막내로 성숙한 그녀는
뭇 남자들에게 소문난 미스 서
보잘것없는 나를 품어준 나만의 여왕이었다

그 아름다운 여왕은
산등성이 연립 지하 단칸방에서
녹록지 않은 가시 같은 생의 관절을 앓는다

사방에서 달려드는 새들의 소리에도
귀를 닫은 지 오래
그럴 때마다 내 상상은 달의 뒷면에서 뒹굴곤 했다

거울을 들여다볼 때마다 온몸이 시리다
그러나 그 속에만 머물 수가 없어
거울의 운명을 닦고 또 닦아본다

김장하는 날

며칠 전부터 아내는
두 며느리에게 날짜와 시간을 알렸다

작년에 큰 수술을 하신 아랫집 할머니
해마다 오셔서 김장하는 방법을 알려주신다
팔순이 넘은 목소리는 작지만 아직 입심은 대단하다
불편한 몸에도 일일이 참견을 한다

도마 소리, 젓갈 비린내, 북적대는 손주들
부엌에선 돼지고기 삶는 냄새
시끌벅적 한마당 장터다

김장이 끝나자
각자 자기 몫의 김치를 들고 썰물처럼 빠져나간다

저녁이 되자 조촐한 밥상에 앉은 노부부
김치를 한입 가득 욱여넣는데
구급차가 요란하게 아랫집 어둠을 뒤흔든다

혹시나 할머니가?
부풀었던 입이 줄어들고 조촐한 밥상에 무덤이 둘

붉은 피를 흘리며 널브러진 김치가 식어가는 밥을 거부하고 있다

처형

방문으로 들어서니
짖어대는 복실이를 나무라며 소파에 앉으라고 손짓을 한다
탁자엔 간식거리가 널브러져 있고
윗도리엔 음식물이 여기저기 묻어 있다
우리를 번갈아 쳐다보더니
누구세요?
순간 가슴이 철렁했다
그토록 깔끔하고 총명했던 분
우린 말없이 준비해 간 옷으로 갈아입혔다
아이처럼 히죽거리며 옷이 예쁘다는 말만 되풀이한다
어쩌다 이렇게 되었나
서툰 행동이 낯설다
남은 인생 꽃길만 걸을 줄 알았던 처형
복실이만 곁을 지키고 있다
누군지도 알아보지 못하는 두 눈망울에
그늘이 가득하다
문지방 너머로 쏠려나가던 발길은
오래전 문턱에 치여 비명을 지른 후 그림자만 드리웠다

어둠의 문턱을 넘고 나오는 발꿈치를
우리 부부가 붙잡고 있다

훈장

한 장의 사진 속에 아버지가 보인다

어느새 몸은 뼈마디와 연골을 맞바꾸며
몸의 살점을 거두어 갔다
오래전 입었던
못에 걸어놓은 윗도리와 바지 속에
살들이 모두 사라졌다

때수건을 들고 앉아 있는 아버지의 몸을
구석구석 천천히 밀었다
어릴 적 내가 보던 몸이 아니었다
평생을 군 생활로 동란과 월남전을 다 겪은
서슬 퍼런 훈장들
녹슬고 지친 노장의 어깨만 보였다

뜨거운 열탕에 빠트린 울음을 건져
햇빛에 말리고 싶은 날

체념보다 더 집요하게 물고 늘어지던 훈장들이
여기저기 헐렁하게 벽에 걸려 있다

발을 묻고 듣는 이야기

겨울밤
아랫목에 발을 묻고 둘러앉으면
할머니가 옛날이야기를 묵은 주머니에서 꺼내셨다

무섭고 재미있고 오싹 소름이 돋던 귀신 이야기
이야기 길목마다
무서운 귀신이 나타나면
이불을 뒤집어쓰고 소리를 지르며 울었다

그 많던 도깨비와 처녀 귀신은 어디로 갔을까
어둑한 호롱 불빛이 환한 LED 불빛으로 바뀐 탓인가

21세기 멀티미디어 시대
초 단위로 쏟아져 나오는 찬란한 문명의 불빛에
그들의 자리는 어디에도 없다

그때나 지금이나
햇빛과 달빛, 별과 구름, 귀신과 하나님

모두가 하늘의 이야기인 것을,

우리들은 늘 닿지 않는 하늘을 꿈꾼다

당신은 블랙홀

수선화 필 무렵

당신을 만났다
흩날리는 꽃잎을 맞으며

잠잠히 웃기만 하던 당신에게
나는 그토록 할 말이 많았다

달빛은 통금시간이 무색하게 밝고
우리는 아련했다

아련해서 좋았다
좋아서 아련했다

수선화 필 무렵이었다

제3부

감시카메라

나는 오늘 몇 번의 사정거리에 들었을까

거리에서
지하철에서
카페에서

누군가 나를 겨냥하고 있다

부끄러운 비밀과
웃음소리 숨소리까지 들켰다

나는 과녁이다

손

무를 유로 만드는 손금은 마술사다

만지고 느끼는 다섯 손가락의 길이가
각각 자기만의 영역으로 운명을 만들고 있다

화려한 일생을 꿈꾸다 뒤틀린 흔적이 있다

늦은 나이
감정선과 두뇌선의 철길은 고된 종착역을 향해 달리며
한 줌의 몸에서 썩은 냄새가 났다

집의 안쪽 모서리가 기울기 시작하고
기세등등 올라가던 빌딩이 구부러지기 시작했다

거리를 방황하는 재물선이 하얀 백지에
가장 짧고 넓적한 엄지 지문을 찍었다

뜬구름을 잡던 빈손은

이젠 생명선을 붙잡고 벽에 힘들게 버티고 있다

재물로 운명을 만들 수 없듯
무를 유로 만드는 것이
얼마나 헛된 마술인지 두 손은 이미 알고 있었다

소 잡는 날

배고픈 입들이 몰려온다

네 발로 걷던 시간이 사라지고
뜬눈으로 마감한 몸뚱이들
해체된 죽음이
붉은 조명을 받는다

주인 사내는 칼을 들고 기호에 따라
가격표를 맞추고 저울을 살핀다

네 개의 위장에 담긴 시간을 되새김질하며
잠시도 쉬지 않던 입

이제 잠잠하다

이제 살아 있는 입들이 떠들기 시작한다

# 몸

나이테가 늘어날수록
얇아지는 귀와 눈

꿈이 빠져나간 결과 결 사이엔 절망이 달려오고
햇빛이 그리운 곳엔 옹이만 생긴다

갈라진 틈으로 구석구석 굳어진 뼈들
그사이 안채의 주인은 바뀌고
방마다 어둠의 검은 입만 보인다

담보할 수 없는 엄지에 지문을 찍고
잘린 나무 밑에서 나이테를 세고 있다

어둠만 도처에 넘쳐나고 있다

검진

좁고 어두운 공간
내시경을 매단 기계 소리가 웅웅거린다
남자 간호사가 검사용 옷으로 갈아입고
두 발을 벌린 채 의자에 앉으라고 한다
수치감이 느껴지는 묘한 기분이다
소독약으로 문지르고 주사기로 마취 약을 주입한다

주치의가 들어와 컴퓨터 화면을 켜고
땅굴 파는 두더지같이
두 눈 부릅뜬 채 먹이를 찾는다
피 흘린 무수한 발자국
생의 정거장마다 벗어놓은 걸어온 흔적들
기계는 한참을 구석구석 더듬는다
그럴 때마다 내 몸은 자꾸 꿈틀거린다

—힘 빼세요, 조금만 참으면 끝납니다.

순간 숨이 멈췄다

암 재발률 80%

세 번을 수술한 지금

삼 개월에 한 번씩 생사의 순간이 젖다가, 마른다

검사가 끝나고 주치의 눈과 입술만 바라본다

아직은 너무 작아 수술하기도 그러니

삼 개월 후에 다시 보자고 한다

삼 개월 동안

나는 또 젖다가 마르기를 반복할 것이다

새벽 두 시

건넌방 문틈으로 간간이 코 고는 소리 흘러나온다

안방 문을 살며시 열고
곤히 자는 아내의 잠을 내려다본다

나는 아직도 철없는 큰아들

잠들기 전 아직도 철이 들지 않는다고
잔소리하던 사람
어느새 흰 머리카락들이 올라오고
살아온 날들이 얼마나 힘들었는지 곤히 코를 곤다

방안의 적막을 깨고 한 생이 걸어가는 소리
스스로를 허물어 한 생을 피워올린 사람
밤마다 몇 번씩 뒤척이며 건너가는
저 너머의 세상

잠결 속에서도

지구별과 행성 사이에서 여전히 분주하게
따스한 온기를 퍼 나르느라
제 한 몸 간수할 여력이 없나 보다

걷어찬 이불을
살포시 덮어주었다

빈집

오래전 그림자가 끊어진 마을
내가 아는 저 종갓집은
거미줄만 무성하다

발길 끊긴 박물관처럼 문이 굳게 닫혀 있다
아이들 웃음소리도 말라버렸다

멀고도 가까운 풍경이
관 속에 묻힌 듯

밭은기침 소리가
금방이라도 뛰쳐나올 것 같다

고고한 그늘 속에
적막만 모여 산다

태풍

굶주린 사자가
이빨을 드러내고 울부짖으며 달려든다

낯선 함성
낯선 몸짓
낯선 공포가 나를 덮친다

길을 잃고 멈춰버린 차
이제 어디로 가야 하나

절망의 깊은 계곡에서
내가 할 수 있는 것은 무엇인가

무릎을 꿇고
신의 옷자락을 붙잡는다

그대라는 선물

내 마음에 예쁘게 포장된 선물이 하나 있다

풀면 날아갈 것 같아
오롯이 간직해 둔 이름

꼬리 가느다란 별빛 같은
소소한 빗방울 같은

이른 새벽에도
깊은 한밤중에도
선뜻 전화를 받아주는
무던하고 포근한 솜이불 같은

잠들기 전 생각나고
잠에서 깨어날 때 찾게 되는

한 사람의 숨결이 내게 건너온다

소금 같고

설탕 같은

어느 날 나에게 온 그대라는 선물

그래도 새날은 온다

연말 자정 무렵
몇 초 후면 해가 바뀐다
가슴속에 스며드는
달빛은 그대로인데

세상을 뒤덮을 추위 같은 세월도
가슴으로 삭일 줄 알 만큼
멀리까지 와 버린 날

언제나 그렇듯
숨 막히는 카운트다운이 시작되면
서늘히 식은 이마 위에 별빛을 얹고
이루지 못한 꿈을 정리한 채
무릎을 꿇어본다

나의 통회(痛悔)는 하늘까지 닿을 수 있을까

채워지지 않는 갈증

죽어가는 세포들

몸은 점점 낡아가는데
그래도 새날은 온다

돌아오지 않는 것들

한번 놓치면 다시 돌아오지 않는 것이 있다

닿기도 전에 멀리 날아가 버리는 파랑새처럼

제 몸을 쥐어짜 스스로 쳐놓은 덫에 갇힌 거미처럼

평생 그늘만 쫓다가 통보도 없이 꺼져버린 뭇별들처럼

끝없는 욕심 때문에 놓쳐버린 그 많은 인연들

다시는 돌아오지 않는 기회가 나를 통과해서 사라져 버렸다

코뚜레

코뚜레도 꿰지 않은 어린 송아지
어미 젖을 떼기 무섭게
기둥에 밧줄로 묶였다

코뚜레를 기다리는 불운을
누가 만들었을까
울음이 붉다

응석 한번 부려보지도 못한 채
여물통 바닥을 핥는다

우울하고 슬픈 눈매로
허옇게 더운 김을 내뿜고 있다

코뚜레를 꿰는 순간부터
일하러 가야 한다, 죽을 때까지

태풍의 눈

우레가 하늘을 찢으며 울부짖는다
중심기압 945hpa 최대풍속 45m/s

바다가 뒤집히는 소리
하늘도 얼빠진 듯
우당탕 번쩍!
붉은 파편이 사정없이 지상을 내리친다

이 밤 누가 광란의 춤을 추는가

산 중턱에 과수원을 일구며
죽도록 땅만 돌보던 사내도 없고
누렇게 익어가던 배와 사과도 사내의 꿈도 사라졌다

나무의 품에 숨어 살던 새들은 어디로 갔을까

검은 회오리가 몰려오고
태풍의 눈이 점점 커지고 있다

수문이 열리는 소리에
불안한 잠이 흠뻑 젖는다

허공을 떠도는 절규가
느닷없이 밤의 목덜미를 후려치고 있다

마네킹

찢어진 청바지와 헐렁한 티를 입고
백화점이 최신 유행을 팔고 있다

쇼윈도 남녀
오지 않은 계절을 미리 껴입은 연인이
한껏 포즈를 잡고
지나가는 여인과 사내를 유혹하며

마주 보고 서 있지만
가슴속엔 뜨거운 사랑 한 점 없어
종일 한마디 말도 없다

청바지를 즐겨 입던 때가 있었다
한때 활짝 피었던 젊음은
예전 같지 않아 기척만 나누곤 곧 자리를 내어준다

나이를 먹을수록
식탁에 쌓이는 약들

낡은 마네킹은 사라지고

최신 마네킹이 그 자리를 차지했다

바리캉의 시대

자유를 부르짖던 머리칼이
위기를 맞았다
총칼보다 무서운 바리캉의 시대가 도래했다

구부러진 철침처럼 팔짱을 낀 사내들
자유를 벌거숭이로 만드는 순간

한 날이 그냥 스쳐가고
또 한 숫자가 넘겨지는 긴장 속에서 내심의 **뼈**를 추려내는 일은
치욕의 역사

응달에서 웃자랐던 까까머리
각을 세우며 찬바람이 드나들었다

숨 가쁜 국방부 시간
저마다 까칠한 영혼의 뒷면을 만나는 순간이었다

제4부

이 세상이 아직 아름다운 이유

어린 꽃들이
봄날
학교에 간다

학교 담장을 휘감은 개나리
음악 소리에 맞춰 피고
일찍 핀 목련꽃이
아이들 맞이할 준비를 한다

담장 너머
한 폭 수채화 같은
아침 풍경이다

이 세상이 아직 아름다운 이유가
저기에 있다

봄의 주연

진달래꽃 붉게 물들자
원미산이 소란하다

길가 솜사탕 장수 아저씨
어묵과 떡볶이를 파는 아줌마
버터를 바른 구운 옥수수를 들고
천 원, 천 원을 외치는 소리
뻥이요 뻥
하얀 연기와 함께 터지는 봄의 축제

벚꽃잎들 우수수
길바닥에 연분홍 카펫을 깔고

진달래꽃을 머리에 꽂은 사회자
익살스런 만담으로 사람들을 모으고
무명 가수들이 봄을 노래한다

원미산 축제에 초대된 사람들

모두 조연이다

봉우리를 뒤덮은 진달래가
단연 봄의 주연이다

지게

어스름 새벽
쇠스랑으로 어둠을 헤치고
두엄간으로 가는 사내
경운기를 몰고 서둘러 밭으로 향한다

좁은 밭두렁을 만나 발이 묶인 경운기
사내는 지게를 꺼내어 두엄을 싣고
지게막대기 앞세워 길을 재촉한다

미끄러지고 주저앉아도
오뚝이처럼 다시 일어나는 지게는
늙은 아버지를 닮았다

두엄을 부려놓은 지게가
꼴을 싣고 앞마당으로 들어서자
소들과 염소가 풀 냄새를 맡고
여기저기서 울어댄다

땀을 식히는 동안
지게는 사람의 등에서 내려와
다음 일을 기다리며 쉬고 있다

늦여름

들판이 노릇하게 익어간다

마당 한쪽
찢어질 듯 감나무 가지가 무겁고
일찍 거둬들인 빨간 고추들
물기를 버리고 있다

늙은 농부가
어스름에 실려 온다

하루를 업고 온
굽은 등에
땀이 마르질 않는다

능수버들

실개천 산책로 능수버들
축 늘어진 가지
파르스름 봄물이 들었다

겨우내 움츠리고 서 있더니
봄바람에 푸른 잎을 달고
하늘거린다

나무들은 키를 늘려 하늘의 소리를 듣는데

싹이 움트는 소리
개울을 깨우는 물소리
재잘거리는 아이들
뛰노는 강아지 발소리

땅을 깨우는 봄의 소리를
다 엿듣고 있다

승화루 홍매화

기승을 부리던 동장군이 떠나자
승화루 앞뜰 창덕궁을 찾았다

봄 햇살에
추위에 움츠렸던 꽃들이 입속에 머문 말을 토해놓는다

역사의 자취가
만개한 홍매화에 남아 있다
수백 년이 지났어도 가슴에 응어리진 역사의 진통은 가시지 않는다

오래전 일제의 침략으로
창덕궁에 비운의 죽음이 다녀갔다
우리들의 이야기를 보란 듯
벌과 나비는 꽃을 찾아
꽃술을 빨며 열매를 맺는다

쏟아지는 햇살 아래 사백 년을 가득 머금은 홍매화

승화루 앞뜰

궁중에 살던 사람들과 함께 걸으며

그들의 이야기를 듣는다

한해 끝자락

마지막 달력을 떼어내고
새로운 달력을 걸면
마음이 숙연해진다

열두 장의 글씨에 눌려 있던 숨 막힌 다짐들
하늘이 무너질 것 같은 날과
행복했던 날도 흘러가고
훌훌 털어낸 가벼운 한 장만이 남는다

숫자 하나를 버릴 때마다
수많은 사연들이 구겨진 채
나락으로 떨어진다

처마 끝에 매달려 있는 고드름
한낮이 되자
마지막까지 떨어지지 않으려
발버둥 친다

그러다가
햇살이 닿으니 툭,
손을 놓는다

헛바늘이 입속을 지배할 때

마른침마저 고이지 않고

헛바늘이 입속을 지배할 때

그리움은 온다

그리움

이유 없이 불어닥치는 바람을 잡고 추궁을 하면
너의 상심을 이해할 수 있을까

동백꽃 종갓집

몇 대를 거쳐 수백 년 군락을 이룬 동백숲
제자리를 꿋꿋이 지키고 있다

비바람에 떨어져 바닥에 누운 꽃들
수북이 쌓여 있다

멋모르고 종손댁에 시집온 외동딸
사촌 형수가 떠오른다
곱던 얼굴에 주름살이 늘고 굽어진 허리
양쪽 무릎은 인공관절 수술까지 했다

그토록 고생을 시킨 한량인 남편은
아직도 종손댁 가문을 지키려고 걱정이 태산이다
오랜만에 서울에서 손주들과 함께 온 아들에게
종가의 대를 이어 가라고 한다

시큰둥한 아들과 아무 말 없는 며느리
사촌 형수는 지금 세대가 어느 때인데 그러냐며

내 세대로 고생했으면 됐으니 그만하란다

떠오르는 달을 보고 마당의 개는 짖어대고
종갓집을 지키던 동백이 툭,
꽃송이를 떨어뜨린다

나비의 생

나비는 자기의 생을 알고 있을까

애벌레가 번데기가 되고
번데기가 우화해서 날개를 얻는다는 것을

긴 기다림 끝에
평생 꽃들만 찾아다니다가
한 달도 채우지 못하고 죽는다는 것을

그러나

나비가 스스로 터득한 하늘마저
그의 몫이 아니라는 것을

흙수저

어머니 뱃속에서
이 세상에 나오는 순간

날품을 팔던 아비에게 물려받은 것은
흙수저 하나
금수저는 내 것이 아니었다

뒤꿈치에 굳은살이 박이도록
새벽부터 늦은 밤까지 땀을 흘려도
나는 여전히 날품팔이

흙수저로 시작한 첫걸음
음지로 밀려난 곳이 세상의 밑바닥이었다

맨손으로 세상을 살기 위해
내팽개친 흙수저를 다시 집어 든다

봄날

마당 한 귀퉁이에 서 있는 정자나무
새순이 돋아나는 봄날

하늘엔 별들이 수많은 이야기로 반짝인다
별 하나가 떨어진다

말라붙은 풀과 기울어진 언덕배기에 쌓인 낙엽들
그 틈새를 뚫고 나온 새싹들

그곳을 비추는 달빛
모진 한 시절 밑거름되어 새로운 도약을 꿈꾸지만
여전히 차가운 내 마음

지난겨울 어둡고 힘들었던 마음을
정자나무에 기대어 밤새 고백을 하니
어느새 이슬에 몸이 촉촉해진다

마당을 서성거리는 나에게

꽃샘바람이 젖은 옷 속으로 스며들어
응어리진 곳을 적신다

새싹처럼 소름이 돋아난다

아버지

평생 바람을 등에 업고
높이 솟아오른
거칠고 딱딱한 나뭇가지에 솔방울이 가득하다

얼마나 힘이 들었을까
눈을 감고 나무를 꼭 껴안았다

툭,
솔방울이 떨어졌다

아무도 아프다고 하는 사람이 없었다

해설

쉴 새 없이 솟아나는 언어의 샘물

이승하(시인·중앙대학교 교수)

 류근홍 시인은 시단에 나오기 직전, 산문집 『너희 하나님 여호와께서』를 낸 적이 있다. 네 가지 암과의 사투와 여섯 번의 암 수술을 극복한 저자가 펴낸 신앙 간증집이다. 이 책을 낸 이후 여러 교회와 모임에 가서 신앙 간증을 한 것으로 알고 있다. 늦깎이로 서울과학기술대학교 문예창작학과를 나온 그이기에 회복 이후 시에 대한 열망이 불타올랐다. 중앙대학교 문예창작전문가과정에 와서 시 창작의 방법을 심도 있게 공부하고선 등단도 하고 시집 『고통은 나의 힘』과 『당신 덕분입니다』를 펴내 두 차례 문학상을 받기도 했다. 이들 3권의 책은 하나님 여호와가 나에게 이런 시련을 준 이유가 도대체 어디에 있을까, 천국 문턱까지 갔었던 나를 살려내신 이유가 어디에 있을까에 대한 신앙적 탐구였다고 할 수 있다. 생사의 기로를 헤매면서 류근홍 시인은 시를 썼고, 그 시는 수많은 사람에게 희망과 용기를 주었다. 이들 3권의 책은 정말 눈물겹다. 생각을 한번 해보시라. 말이 쉬워 네 가지의 암과 여섯 번의 수술이지 투병의 과정은 혹독하였고 치열했을 것이다.

그는 지금도 정기적으로 병원에 다니면서 암세포의 준동을 체크하고 있는 중이다. 하루하루가 살얼음 위를 걷고 있는 것과 다를 바 없다. 2020년 2월 26일에 두 번째 시집을 냈으니 어언 5년의 세월이 흘렀다. 그는 그간 무엇을 하고 있었던 것일까?

물론 시를 썼다. 그런데 어떤 시를? 해설자는 이것이 너무나 궁금하였다. 신앙시를 많이 썼겠지만 그런 시만 쓰지는 않았을 것이다. 그 궁금증이 이번에 보내온 시집 원고를 통독하면서 풀렸다. 그는 자신의 삶과 꿈을, 일상과 사유를 이런 식으로 풀어가고 있었구나, 무릎을 치며 감탄하고 감동하였다. 이 해설문은 그 감탄과 감동에 대한 기록이다. 시집의 제일 앞머리에 놓인 시부터 보자.

    나는 늘 꿈꾼다
    사랑이 곁에 있어 주기를

    그리고 생각한다

가까이 있어도 온전히 품을 수 없는
　　부족한 내 사랑에 대하여

　　사랑의 표현이 사라진 것에 대하여
　　무뎌진 마음의 거리에 대하여
　　　　　　　　　　　―「당신을 꿈꾸다」 전반부

 우리는 태어나서 죽을 때까지 타인과 관계를 맺으면서 살아간다. 부모·자식 관계, 형제지간, 친척, 배우자, 학교 친구, 직장 친구, 동네 친구, 동료……. 멀어졌다가 가까워졌다가 하면서 지내다가 결국은 사별한다. 그런데 이 시의 화자는 당신과의 사랑을 꿈꾼다. 안타깝게도, 영원한 사랑은 불가능하다. 게다가 사별이 아닌 이별이라 다시금 사랑의 꽃을 피우기를 염원한다. 마음의 거리가 멀어진 것에 미안해하면서 다시금 그 열렬했던 때로 돌아가기를 바란다고 고백한다.

　　각자의 영역은 늘어나고 점점 틈은 벌어진다
　　안전한 지점으로 들어갈 수는 없는가

　　첫 만남은 덤덤해지고
　　화려했던 꽃들은 무색하지만

당신 밖에서 이토록 서성이는 것은

여전히 내 안에 당신이 살고 있기 때문

— 「당신을 꿈꾸다」 후반부

  당신을 알게 된 지도 꽤 오래되어 어느덧 무덤덤해지거나 무심해진 사이가 되고 말았다. 하지만 화자는 나는 당신으로부터 멀어진 적이 없다고 새삼스레 고백하고 있다. 표현은 살갑게 하지 못하였지만 마음속으로는 늘 그대를 보고 싶어 하였고, 사랑하고 있었다고 말한다. 이 고백은 시인이 자기 아내한테 하는 것일까? 아니, 긴 세월 동안 간병을 해준 아내를 포함한 주변의 모든 지인들에게 하는 사랑 고백일 것이다. 아내에게 하는 보다 확실한 사랑 고백은 다음 시에서 행해진다.

  퇴근 시간이 되자 서둘러 명동으로 달려가 다방에서 기다렸다 신문에 나온 광고까지 몇 번씩을 읽고 나니 세 시간이나 지나갔다 카운터에 앉아 있는 주인의 눈총에 커피를 석 잔이나 시켰다 일어섰다가 앉기를 여러 번 마음을 접고 일어나려 하는데 한 여자가 빼꼼 문을 열고 들어온다 단발머리에 갸름한 얼굴 분홍색 원피스를 입은 잘록한 허리 양 볼에 보조개가 멋쩍게 웃는다 제멋대로 나대는 심장을 진정시키고 명동거리로 나섰다 그녀는 미안하다고 했고 나는 나는 더듬거리며 아니라고 했다 별말이 없어도 가

숨은 따뜻했다 달빛이 뒤따라왔다 간간이 분홍색 꽃가루
가 바람에 날렸다 바람결에, 당신을 꿈꾸며 지금까지 기다
렸다고 고백했다

사십육 년 동안 입속에 준비해 둔 말이었다
—「고백」 전문

세 시간 동안 기다리게 한 그녀가 나타났을 때 화를 내도 뭣할 판에 "단발머리에 갸름한 얼굴 분홍색 원피스를 입은 잘록한 허리 양 볼에 보조개"를 보자마자 마음이 따뜻해졌으니 화자는 완전히 무골호인이다. 바로 이런 호감과 정이 46년 동안의 연인관계와 부부관계를 지탱케 한 힘이 아니었을까? 이와 같은 시인의 타인에 대한 따뜻한 시선은 이번 시집 곳곳에서 확인할 수 있다. 사람에 대한 애정은 아내에게만 국한되지 않는다.

뛰놀다 넘어진 구멍
나뭇가지에 찢어진 구멍
얼룩진 옷들, 해진 옷들이 반짇고리를 뒤지고
오색 실뭉치를 꺼낸다

미간을 찌푸리며 바늘귀를 찾고

오물오물 실 끝에 침을 바르고
기름진 머리에 몇 번 문질러
한 땀 한 땀 가난을 꿰매던 어머니

물 빠진 빈티지 구제 옷들이 유행을 만드는 시대
여전히 찢어진 시간을 수선하며
느슨해진 단추를 칭칭 감는다
—「바늘」부분

한평생 노동의 세월을, 특히 자기희생의 나날을 보낸 어머니께 바치는 송가이다. 작가 자신의 지난 세월을 다룬 시와 소설을 보면 대체로 아버지는 바람직한 인간상을 보여주지 못하는데 어머니는 이렇듯 인고의 세월을 보내면서 집안을 지킨 존재인 경우가 많다. 어머니도 모성도 여성도 위대하다. 그런데 화자의 아버지는 한량이나 술고래가 아니었나 보다.

때수건을 들고 앉아 있는 아버지의 몸을
구석구석 천천히 밀었다
어릴 적 내가 보던 몸이 아니었다
평생을 군 생활로 동란과 월남전을 다 겪은
서슬 퍼런 훈장들
녹슬고 지친 노장의 어깨만 보였다

> 뜨거운 열탕에 빠트린 울음을 건져
> 햇빛에 말리고 싶은 날
>
> 체념보다 더 집요하게 물고 늘어지던 훈장들이
> 여기저기 헐렁하게 벽에 걸려 있다
>
> ―「훈장」부분

화자의 아버지는 직업군인이었다. 한국전쟁과 베트남전쟁을 다 겪은 이는 그다지 많지 않을 텐데, 그중 한 분이었던 것이다. 이 시의 아버지는 앞서 낸 시집에도 나오는데 그야말로 국가유공자다. 나라를 지켰고 미국의 부름에 따라 베트남에도 갔었는데 어느덧 노인이 되었다. 화자는 때수건을 들고 있는 녹슬고 지친 노장의 어깨를 보고 울음이 복받친다. "뜨거운 열탕에 빠뜨린 울음을 건져/햇빛에 말리고 싶은 날"이란 놀라운 표현을 새겨넣은 이 시는 아버지 세대의 모든 분들에게 마음의 훈장을 드리고자 쓴 것이다. 류근홍 시인은 두 분의 슬하에서 자라나 이 나라 방방곡곡의 건설 현장은 물론 먼 중동까지 가서 건설 현장을 누비고 다녔다.

> 세상모르고 자란 부모님 품속이
> 이 세상의 낙원이었다

그 따뜻한 품을 벗어나는 순간
세상은 온통 지뢰밭이다

결혼하여 식구가 늘고
새벽부터 건설 현장에서 중동 사하라사막에서
낯선 타향에서
자식이 쉴 넓은 품이 되려고 비지땀을 흘렸다

하늘나라 가까워질수록
나이만큼 삼켜야 하는 약들만 늘어간다

부모님 슬하,
그 무릎 아래가 그립다

―「슬하」 전문

  부모 되기가 결코 쉽지 않다. 요즈음 결혼율도 낮고 출생률도 낮은 이유는 부모 되기가 무섭기 때문이다. 자식을 낳으면 책임을 져야 하는데, 그 책임의 무게가 만만치 않으니까 결혼도 하지 않고, 설사 결혼해도 아이를 안 낳는 부부가 많다. 시의 화자는 부모님 품속이 낙원이었다고 말한다. 그 품을 떠난 세상은? 온통 지뢰밭이었다고 말한다. 사하라사막에서 6년 동안 비지땀을 흘린 이유는 오로지 '부모 되기' 위해서였다.

올바른 부모, 훌륭한 부모. 젊을 때 돈을 벌어놓아야 아이들에게 조금이라도 좋은 환경을 제공할 수 있다는 일념으로 사막의 모래바람과 직사광선을 맞으면서 버텼던 것이리라.

류근홍 시인이 요즈음 관심을 갖고 있는 인간군은 노인층이다. 본인도 나이가 먹고 보니 연세가 높은 주변 분의 삶에 관심을 두게 되었던 것이다.

> 골목을 뒤지며 폐지 줍던 절름발이 할아버지
> 차곡차곡 접힌 리어카 옆에 세워두고
> 담 모퉁이에 기대어 낮잠을 잔다
> ―「텃새」부분

> 작년에 큰 수술을 하신 아랫집 할머니
> 해마다 오셔서 김장하는 방법을 알려주신다
> 팔순이 넘은 목소리는 작지만 아직 입심은 대단하다
> 불편한 몸에도 일일이 참견을 한다
> ―「김장하는 날」부분

노년의 당당함은 노동력이 그래도 가능해야지 나온다. 누워 지낼 때가 오면 할 수 없지만 그날이 올 때까지는 부지런히 몸을 움직여야 한다는 각오가 이 두 편의 시에서 느껴진다. '노인 되기'의 어려움을 아주 심각하게 다룬 시가 있다.

노인은 죽은 듯 의자에 앉아 볕을 쬐고 있다
계절의 속도감이 그에게 미치지 못하고
붉게 물들어 머물러 있다

시간을 먹어치운 노인은 대개
지혜롭다

어리석고 파괴적인 바깥세상에 대해
함구하지 않는다

부정과 폭력과 살인 속에
슬픔이 끊임없이 반복될 수밖에 없는 까닭을
구부정한 어깨와 주름은 알고 있는 듯하다

그것을 감당할 수 없어
그는 은퇴를 했다

그때부터 비극은 시작되었다
노인을 위한 나라는 없다

계절과 계절 사이에 비껴 앉아 묵묵히 볕을 쬐고
아무것도 아니라는 듯 고개를 숙인 채

자는 척한다
―「노인 되기」 전문

　흔히 우리는 연세가 높은 분을 가리켜 '산전수전 다 겪은 분'이거나 '만고풍상을 겪은 분'이라고 한다. "시간을 먹어치운 노인은 대개/지혜롭다"는 것은 진리이다. 그런데 4연에 가서 시는 분위기를 일신한다. 이 세계의 모습을 '부정'과 '폭력'과 '살인'으로 규정했는데, 〈노인을 위한 나라는 없다(No Country for Old Men)〉란 영화가 바로 이 세계를 이런 식으로 다루고 있다. 영화도 그랬지만 현실에서도 노인은 소외되거나 유령 취급을 받는 경우가 많다. "슬픔이 끊임없이 반복될 수밖에 없는 까닭을/구부정한 어깨와 주름은 알고 있는 듯하다"는 구절도 의미심장하다. 노인이 된다는 것은 주변 사람들과 계속해서 헤어진다는 것을 의미한다. 십중팔구는 어깨가 구부정해지고 십중십은 주름이 늘어난다. 주름을 성형수술로 지울 수 있다지만 그랬다가 얼굴에 손상이 와 원래의 모습을 잃는 경우도 왕왕 있다. '노인 되기'는 시간이 되면 자연히 이뤄지는 자연현상이지만 '제대로 노인 되기'는 쉬운 일이 아님을 얘기하고 있다. 이제 시집의 제목이 된 시를 보자.

　사내가 마지막 잔디를 깎는다

예초기에 파편처럼 흩어지는 풀잎들
소박한 일생을 꿈꾸던 푸른 살들 허무하게 사라진다

무수히 밟혀도 오뚝이처럼 일어서던 고집이
날카로운 칼날에 잘리고
풀이 토해놓은 풀 비린내가 질펀하다

풀은 녹색의 피를 가졌다
풀밭에 앉았다 일어설 때 바지에 묻었던 풀물도
오래도록 사라지지 않았다
그 푸른 얼룩은 풀이 내질렀던 비명인 줄도 모르고
아무 생각 없이 투덜거렸다

그 하찮은 풀도 품어 기르는 것이 있다
벌레도 나비도 개미도 메뚜기도
모두 풀이 키우는 가족이었다
덕지덕지 붙어 있는 잡초들 온 힘을 다해 떼어냈을 때
나는 그들의 집을 허물었던 것이다

십자가에서 몸을 허물어 인류에게 봄이 된 사내처럼
봄이 오면 다시 살 수 있다는 것을
풀은 기억한다

네 개의 암에 잡혀

죽었다가 다시 살아난 나처럼

　　　　　　—「풀은 녹색의 피를 가졌다」 전문

　예초기를 사용해 잔디를 깎는 광경을 시에 그리고 있지만 그 행위를 시로 그리고자 쓴 것이 아니다. 이 시는 "네 개의 암에 잡혀/죽었다가 다시 살아난 나처럼"이라고 밝힌 것에서 알 수 있듯이 명백히 자서전이다. 시는 시종일관 풀의 생명력에 대해 감탄하고 찬양하고 있다. 예초기로 풀을 깎은 경험이 있는 사람은 잘 알 것이다. 풀의 비린내를. 바지를 물들였던 풀물의 색깔을. 그런데 인간이 잔인하게 베어버린 그 풀이 키운 가족이 있었다. 벌레, 나비, 개미, 메뚜기 같은 것들이다. 풀은 시인 자신이었다. 기업을 운영하면서 데리고 있던 직원들, 아내와 자식들, 양가의 부모님들(지금은 돌아가셨겠지만)이 자신의 손을 보고 있었다. 얼굴을 보고 있었다. "십자가에서 몸을 허물어 인류에게 봄이 된 사내처럼/봄이 오면 다시 살 수 있다는 것을/풀은 기억한다"는 구절에 이르면 나의 베어짐이나 피 흘림을 통해 하나님은 나에게 시련을 주고 하늘나라로 데려가지 않고 새롭게 쓰기 위한 시험을 한 것임을 알 수 있다. 즉, 병마가 닥친 자신을 하나님이 시험하고 있는 것이 아닌가 하는 생각이 들었음을 마지막 연이 알려주고 있다. 살아 있는 동안에는 베어내도 다시 돋는 저 잡초를 본받아 다시 또

잎을 피워내고, 꽃을 피워내겠다는 결심이 이 시의 주제라고 할 수 있다. 이 시 앞에서 누가 감동하지 않으랴. 류근홍 시인의 남다른 각오는 아래의 시에도 잘 나타나 있다.

    땀 흘린 농부는
    논밭에서 심은 대로 기쁨을 거두는데

    나는 무엇을 추수하고 있는 건지
    돌아보니 가슴이 철렁하다

    봄꽃 향기를 따라가다가
    짙푸른 여름의 웅덩이에 빠져 첨벙대다가
    붉은 단풍에 취해 비틀거리다가

    방향을 잃어버린
    습작의 시들

    이제는 겨울나무가 되어
    눈을 뒤집어쓴 채 떨고 있다

    책상에 미완성 원고들이 널브러져 있다
    바람에 떨어진 낙엽처럼

—「습작의 시절」 전문

  습작의 시절은 낙엽 같은 파지의 시절이요 실패의 시절이요 낙심의 시절이었다. 아무리 열심히 써본들 활자화되지 않으니 쇠귀에 경 읽기나 마찬가지다. "책상에 미완성 원고들이 널브러져 있다". 시의 방향이 어디로 가야 할지 알 수 없어 시인의 습작 시절은 암중모색의 나날이었다. 하지만 등단도 했고 시집도 두 권을 내본 경험이 있으니 겨울나무가 되어 눈을 뒤집어쓴 채 떨고 있을 필요가 없다. 「말몰이」란 시의 '말'은 1차적으로는 말[馬]을 연상시킨다. 시를 읽어보면 말이 언어임을 알 수 있다. 그는 이제 숙련된 기수다. 어언 몇 년인가. 이제는 말을 잘 다룰 줄 알게 되었다.

    말의 고삐를 움켜쥔 채 말몰이를 하는 기수
    휘두르는 채찍이 기수의 말이다

    들을 수 없는 말
    다 할 수 없는 말

    되돌릴 수 없는 시간은 흘러만 가고
    온몸에 땀이 흘러내린다

울부짖다가 고개를 끄덕거린다
돌고 있는 말이 조금은 알아들은 걸까

고삐를 바짝 움켜쥔 사내
길을 이탈하지 않고 한곳만을 향해 달린다
―「말몰이」 부분

  말몰이를 하는 기수(騎手)는 달리 말해 언어의 연금술사다. 무에서 유를 낳고, 백지에다 세계를 탄생시킨다. "고삐를 바짝 움켜쥔 사내"는 "길을 이탈하지 않고 한곳만을 향해" 달리겠다고 각오를 뚜렷하게 밝히고 있다. 이 시는 바로 류근홍 시인이 세 번째 시집을 내고자 하는 이유다. 각오이고 결심이고 천명이다. 시인이 되었기에 봄날을 기다리고 있다. 병마에서 회복되었기에 봄날일 것이고 시인으로 거듭났기에 봄날일 것이다.

지난겨울 어둡고 힘들었던 마음을
정자나무에 기대어 밤새 고백을 하니
어느새 이슬에 몸이 촉촉해진다

마당을 서성거리는 나에게
꽃샘바람이 젖은 옷 속으로 스며들어

응어리진 곳을 적신다

새싹처럼 소름이 돋아난다

—「봄날」부분

  암 투병의 시절을 헤치고 나온 사람의 인생관과 세계관이 이렇게 밝다니, 믿어지지가 않는다. 류근홍 시인의 인생의 봄날은 이제부터일지도 모르겠다. 더 좋은 시를 쓰기 위해 노력하고 있을 시인에게 마음에서 우러난 응원의 박수를 보낸다.

  시가 사람과 일치하는 경우는 흔치 않다. 상상력을 발휘하여 시를 쓰다 보면 사건도 만들어내고 인물도 창조하고 표현도 에둘러 하는 경우가 종종 있다. 사람과 작품 사이의 거리가 꽤 되는 이들이 있는 것이다. 하지만 류근홍 시인의 시에서는 유쾌하고 정의롭고 순수한 시인의 품성이 그대로 느껴진다. 타인의 생로병사와 인생살이의 희로애락과 자연의 영원회귀를 잘 지켜보고는 나직한 목소리로 독자에게 말을 건넨다. 우선 시편이 어렵지 않아서 좋고, 시인의 생생한 체험이 느껴져서 좋고, 세상에 대한 긍정적인 시각이 뚜렷해서 좋다. 하지만 내면의 깊은 곳을 들여다보면 시인은 종종 지상의 뭇 생명체에 대해 아파하기도 하고 슬퍼하기도 한다. 또한 시인의 추억담, 즉 지난 세월의 삶과 꿈에 대한, 투병과 치유에 대한, 가족과 친구들에 대한 얘기를 듣다 보면 독자 여러분은 어느새 시집의 마지막 페이지에 이르러 있을 것이다.

이번 시집에서 신앙시의 범주에 들 만한 것은 몇 편 되지 않는다. 하지만 쓸 이야기가 많아서 새로운 시집이 이렇게 또 한 권 탄생하게 된 것이다. 아직도 시인이 할 이야기의 샘에서는 맑은 물이 계속해서 퐁퐁 솟아나고 있을 것이다. 그 물을 나는 이제 겨우 몇 모금만 마셨을 뿐이다. 앞으로 매일 찾아가 벌컥벌컥 들이마시고 싶다. 류근홍 시인의 다음 시집을 긴장된 마음으로 기다리고 있을 참이다.

시인동네 시인선 245

풀은 녹색의 피를 가졌다

ⓒ 류근홍

초판 1쇄 인쇄	2024년 12월 9일
초판 1쇄 발행	2024년 12월 16일
지은이	류근홍
펴낸이	김석봉
디자인	헤이존
펴낸곳	문학의전당
출판등록	제448-251002012000043호
주소	충북 단양군 적성면 도곡파랑로 178
전화	043-421-1977
전자우편	sbpoem@naver.com

ISBN 979-11-5896-676-8 03810

*이 책의 판권은 지은이와 문학의전당에 있습니다.
*양측의 서면 동의 없는 무단 전재 및 복제를 금합니다.
*잘못 만들어진 책은 바꿔드립니다.